Edición original: Mango Jeunesse

Título original: *Le petit chat*

Adaptación: Luz Orihuela

Diseño gráfico: Sarbacane

© 2002, Mango Jeunesse

© 2005, Combel Editorial, S.A.

  Casp, 79 - 08013 Barcelona

  Tel.: 902 107 007

Segunda edición: abril de 2006

ISBN: 84-7864-234-X

ISBN-13: 978-84-7864-234-2

Printed in France by PPO Graphic, 93500 Pantin

¿Quién eres?

El pequeño gato

Textos de Hélène Montardre

Combel
EDITORIAL

¡Qué curioso es!

¡Qué curioso es el pequeño gato! Apenas se mantiene sobre sus patitas y ya quiere explorar el mundo. ¿Una mariposa revolotea ante sus narices? ¡Paf! Él intenta tocarla con la patita. ¿Un zumbido entre las hojas? Él lo oye. Sus orejas son grandes en relación con su cabeza y puede orientarlas en todas direcciones. ¿Algo huele bien? Él ya se acerca. Avanza con precaución, apoyando delicadamente sus patas en el suelo.

No se le oye llegar...

Como todos los felinos, el gato es ligero, ágil, y se adapta a la vida salvaje... aunque lo hayamos domesticado.

TÚ, ¿QUÉ OPINAS?

¿Por qué el gato no hace ruido cuando anda?

→ Respuesta 1: Porque siempre anda sobre la moqueta.

→ Respuesta 2: Porque tiene unas almohadillas en las patas.

→ Respuesta 3: Porque anda descalzo.

Una piel dura y rugosa recubre las almohadillas situadas en las patas del gato. Gracias a ellas, anda sin hacer ruido. Estas almohadillas le sirven, sobre todo, para amortiguar los golpes. Como su mamá, el pequeño gato será un gran acróbata. Puede estirar su cuerpo, aplanarlo o convertirlo en una bola.

Su pecho es estrecho y puede juntar o separar mucho sus patas delanteras; así puede colarse en cualquier lugar. Con sus largas patas traseras, puede saltar alto y rápido. ¡Y, cuando cae, siempre aterriza sobre sus patas!

¡No resulta fácil acicalarse! Sin embargo, es una de las primeras cosas que mamá gata enseña a sus pequeños. El pelo del gato lo protege del frío y del calor, y por ello siempre debe estar muy limpio.

4

...ene unas almohadillas en las patas.

Los bigotes del gato son como antenas. Sobresalen por cada lado de su cara y reaccionan al más mínimo contacto. Son pelos táctiles.

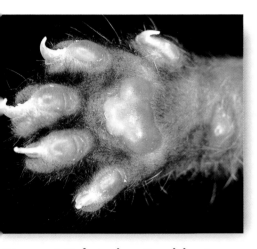

¡Nunca oiréis frotar las uñas del gato en el suelo! Porque son retráctiles: es decir, las puede esconder bajo la piel y sacarlas... ¡cuando él quiera!

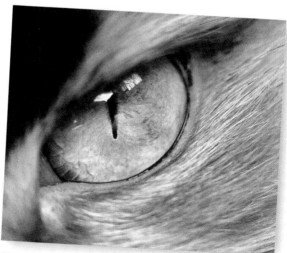

...e día o de noche, la vista del gato es muy ...guda. Por la noche, su pupila se dilata: se ...granda para captar cuanta luz haya.

Por el día, su pupila se contrae: empequeñece para protegerse de la luz.

Un amor de madre

La gata lleva a sus pequeños en el vientre entre 63 y 70 días. Normalmente, da a luz a cuatro o cinco gatitos a la vez. Pero, puede tener sólo uno... o ¡diez! Recién nacidos, los gatitos buscan las tetillas de su madre.

La primera leche que produce es una sustancia preciada: contiene los elementos necesarios para proteger los recién

nacidos de las enfermedades. Durante los quince primeros días, la gata sólo dejará a sus pequeños para comer y hacer sus necesidades. Si es preciso, no dudará ni un momento en cambiar a sus bebés de sitio para garantizar su seguridad.

TÚ, ¿QUÉ OPINAS?

¿Cómo traslada la gata a sus pequeños?

→ Respuesta 1: Con la boca.

→ Respuesta 2: Se cogen a su cuello.

→ Respuesta 3: Subidos a su espalda.

Cuando nacen los gatitos son ciegos, sordos y no tienen dientes. Son minúsculos: pesan entre 75 y 140 gramos ¡el peso de un yogu...

Para trasladar a sus pequeños, mamá gata los coge delicadamente con su boca por el cuello.

Mamá gata siempre está inquieta y vigila a sus pequeños. A menudo los cambia de lugar aunque no haya peligro alguno. Mamar y dormir: es todo lo que hacen los gatitos durante las dos primeras semanas de vida. Pero se desarrollan muy rápidamente: al quinto día empiezan a oír, a la semana abren los ojos y, a los diez días, ya se ponen en pie. Muy pronto, aprenderán a sentarse.

Los dientes de leche del gatito aparecen a las dos o tres semanas de nacer. A los siete meses, ya se le han caído y le salen los dientes definitivos.

La gata traslada a sus pequeños con la boca.

Alrededor de las tres semanas de edad, el gatito empieza a aventurarse y se aleja del «nido». ¡Pero sus movimientos aún no están bien coordinados! Sin embargo, una semana más y ya seguirá a su mamá para aprender a estar limpio.

Al nacer, todos los gatitos tienen los ojos de un color gris azulado. Este color empieza a cambiar al cabo de unos veinte días y, entonces, se vuelven azules, naranjas, verdes...

9

De todos los colores

Mamá es rubia y blanca y, entre los pequeños, ¡hay uno atigrado, otro completamente blanco y un tercero blanco y negro! Es normal. La gata puede transmitir a sus pequeños sus propias características o las del papá. Pero también puede transmitir las de sus padres, las de sus abuelos o las de los abuelos del papá o la mamá. ¡Y, como los colores del pelo de los gatos son muy variados, resulta muy difícil adivinar el color que tendrán los gatitos!

Para saber más o menos el color que tendrán los gatitos, hay que conocer bien a mamá gata, a papá gato y, también, a sus antepasados. Además, los colores y dibujos del pelaje del gatito pueden tardar seis meses en definirse claramente.

TÚ, ¿QUÉ OPINAS?

¿Qué distingue las diversas razas de gatos?

→ Respuesta 1: Sobre todo el aspecto exterior.

→ Respuesta 2: Sobre todo las medidas.

→ Respuesta 3: Sobre todo el peso.

La cabeza del gato persa es redonda y maciza, la nariz es muy corta y las pequeñas orejas redondeadas. Su pelo es abundante y espeso. De adulto, tiene una hermosa cola que parece un penacho.

12 El gato esfinge es... ¡un gato desnudo! No tiene pelo y su piel arrugada es de tacto suave, aunque el sol puede quemarla. El gato esfinge puede ser negro, blanco, azul o pardo.

Entre los siameses, los gatitos nacen completamente blancos. El color de su pelo cambia a medida que crecen. De adulto, el siamés es un gato elegante, con una cola larga y fina.

stingue las razas de gatos.

Entre los perros, los hay muy pequeños como el caniche y muy grandes como el terranova. Entre los gatos no hay tantas diferencias. Algunos son algo más pequeños y otros, algo más grandes. ¿Qué es lo que cambia? Su aspecto exterior. Algunos tienen el pelo corto, otros lo tienen largo y también los hay con el pelo rizado o... ¡sin pelo! Algunos son negros con los ojos amarillos, otros son completamente blancos y los hay que combinan tres colores.

to y espeso,
elaje del
sinio es muy
ecial: cada
o tiene rayas
distintos
res. Esas
s producen
os matices
olor.
bisinio es
gato largo
lgado,
ermosa
eza es
gada
s orejas son
des
ntiagudas.

Dormir y comer

El pequeño gato es un dormilón, ¡y lo será toda su vida! Escoge un sitio confortable, si es posible calentito, y cierra los ojos. Se despierta poco a poco. Primero, bosteza varias veces. A continuación, arquea la espalda, se estira y alarga las patas traseras. Así, recupera todos los reflejos que tenía dormidos.

Sólo le falta dedicarse a su segunda actividad favorita: comer. Porque el gato es un glotón pero también un gourmet: le gustan las cosas ricas.

¿Cómo ronronea el pequeño gato
Gracias a unas «falsas» cuerda
vocales situadas en su garganta
Cuando respira, las hace vibra
varias veces por segunda

TÚ, ¿QUÉ OPINAS?

¿Cuál es el alimento preferido del gato?

→ Respuesta 1: Las espinacas.

→ Respuesta 2: Las patatas fritas.

→ Respuesta 3: La carne.

El pequeño gato mama la leche de su madre durante dos meses. Después, ¡mamá gata aleja a sus pequeños!

El gato es ante todo un carnívoro: es decir, come carne básicamente. En el campo, caz ratones y pequeños pájaros. Persigue insectos y lagartijas, e intenta atrapar peces. Cuando los gatitos tienen cuatro o cinco semanas, mamá gata les lleva un ratoncillo o un pequeño pájaro. Ella les enseña a cazarlo y a comérselo. Un mes más tarde, mamá gata se lleva a sus pequeños de caza y les enseña a espabilarse solos.

Desde el inicio del segundo mes, el gatito imita a su madre y come de su pienso. Así, se acostumbra a otros alimentos.

El alimento preferido del gato es la carne.

Aunque esté bien
alimentado, un gato
no deja de cazar.
No se come a sus presas,
se las lleva a su amo.
Es como si le hiciera
un regalo.

El gato bebe muy poco. Es suficiente con
el agua que le proporciona su comida.
Pero, como es muy curioso, no puede
dejar de jugar con el agua del grifo.

17

Descubrir el mundo

A partir de las cuatro semanas de edad, y cuando apenas se sostiene sobre sus cuatro patas, el pequeño gato empieza a interesarse por todo lo que le rodea. Como su madre, vigilará e intentará atrapar todo lo que se mueva: una mosca, un cordel... Le gusta jugar y, a menudo, sigue jugando incluso de adulto. Si tiene hermanos y hermanas, se pelea con ellos. A medida que crece, se vuelve más diestro y atrevido. Muy pronto se encarama a los árboles… pero bajar no siempre es fácil.

Al crecer, el gato cambia. Su cuerpo se alarga y se afina, y sus músculos se desarrollan. Su cabeza, que crece más lentamente que el cuerpo, parece pequeña en proporción.

TÚ, ¿QUÉ OPINAS?

¿Por qué le gusta tanto jugar al gatito?

→ Respuesta 1: Porque no quiere aburrirse.

→ Respuesta 2: Porque es su manera de aprender.

→ Respuesta 3: Para llamar la atención.

El gatito aprende y se hace mayor jugando. Cuando se pelea con sus hermanos y hermanas, desarrolla sus músculos y reflejos. Cuando juega con una pluma, un hilo o un insecto, se entrena para cazar. Y también aprende los movimientos necesarios para atrapar un objeto. Cuanto mayor se hace, más seguridad adquiere. Es entonces cuando parte a explorar el mundo y delimita su territorio: un espacio más o menos grande en el que se siente como en casa.

¡Hop! Ahora salta y, con las patas delanteras extendidas, atrapa el tapón que se mueve sobre su cabeza. Haría lo mismo para atrapar un pajarillo.

20

El pequeño gato es ágil: con una pata delantera juega con el hilo... como si fuera un ratoncillo.

manera de aprender.

Cuando tiene miedo, el gatito arquea el lomo y eriza sus pelos. Un músculo muy pequeño, llamado músculo horripilador, situado en la base de cada pelo, le permite hinchar su pelaje.

El gato es un **mamífero**; es decir, que la hembra amamanta sus pequeños. Pertenece al orden de los **carnívoros**, pues come sobre todo carne. Forma parte de la familia de los **félidos** (o felinos), como el león, el tigre o la pantera. Su nombre científico es *Felis catus*; todos los animales tienen un nombre (generalmente, en latín) que es comprendido y utilizado por los científicos de todo el mundo. En estado salvaje, el gato vivirá solamente **7** u **8 años**. Con los humanos, puede llegar a vivir **15** o **20 años**.

Las orejas del pequeño gato son muy sensibles. ¡Desde muy lejos oye el más mínimo ruido!

La cola del gato tiene unos veinte huesos. La utiliza para equilibrar sus movimientos: gracias a ella el gato consigue ser un excelente equilibrista.

Escoger tu gato

Si queremos un gato de raza, lo mejor es dirigirse a una asociación felina o a un criador. Si no es así, podemos preguntar a los vecinos si su gata ha tenido crías, consultar los anuncios por palabras o preguntar a un veterinario. Un gato de raza no será ni más ni menos inteligente ni robusto que un gato «callejero».

un gato

Un gato sano debe tener:

un pelo limpio y brillante,
un cuerpo fuerte y musculoso,
unas orejas rosadas y limpias,
unos ojos brillantes, limpios
y muy abiertos,
unos dientes blancos y unas encías
y una lengua rosadas,
una nariz limpia, húmeda y brillante,
un trasero muy limpio y sin rastro
alguno de suciedad.

La comida

Su comida favorita es la carne.
También le encanta el pescado...
cocido y sin espinas. Se le puede dar
arroz muy cocido y legumbres
mezclados con la carne o el pescado.
Los alimentos industriales (croquetas
o albóndigas) son mezclas equilibradas
y completas. El gato bebe poco, pero
no hay que olvidarse de poner a su
disposición un pequeño recipiente
con agua.

Los primeros días

Para separar el gatito de su madre
debe estar destetado y tener unas
ocho semanas. Rápidamente
se acostumbra a su nueva casa, pero
necesita un pequeño rincón para
dormir y estar tranquilo...
¡Y si puede ser calentito mucho mejor!

La limpieza

En general, un gatito es limpio
a partir de las seis o siete semanas
de vida. Aprende a hacer sus
necesidades en un cajón al igual que
su mamá. El cajón con tierra tiene
que estar en un lugar tranquilo. La
tierra deberá cambiarse regularmente.
Cuando tenga acceso al exterior,
el gato hará sus necesidades
fácilmente fuera.

23

EL PEQUEÑO GATO

Títulos de la colección:

El pequeño gato
La pequeña jirafa
La mariquita
El potro
El árbol
La flor